Abdelghani Krinah
Meriem Talahari

Calcul de Similarité entre Textes pour le Développement des
Requêtes

Abdelghani Krinah
Meriem Talahari

Calcul de Similarité entre Textes pour le Développement des Requêtes

Éditions universitaires européennes

Impressum / Mentions légales

Bibliografische Information der Deutschen Nationalbibliothek: Die Deutsche Nationalbibliothek verzeichnet diese Publikation in der Deutschen Nationalbibliografie; detaillierte bibliografische Daten sind im Internet über http://dnb.d-nb.de abrufbar.

Information bibliographique publiée par la Deutsche Nationalbibliothek: La Deutsche Nationalbibliothek inscrit cette publication à la Deutsche Nationalbibliografie; des données bibliographiques détaillées sont disponibles sur internet à l'adresse http://dnb.d-nb.de.

Coverbild / Photo de couverture: www.ingimage.com

Verlag / Editeur:
Éditions universitaires européennes
ist ein Imprint der / est une marque déposée de
OmniScriptum GmbH & Co. KG
Heinrich-Böcking-Str. 6-8, 66121 Saarbrücken, Deutschland / Allemagne
Email: info@editions-ue.com

Herstellung: siehe letzte Seite /
Impression: voir la dernière page
ISBN: 978-3-8381-8354-1

الجمهورية الجزائرية الديمقراطية الشعبية

REPUBLIQUE ALGERIENNE DEMOCRATIQUE ET POPULAIRE

وزارة التعليم العالي و البحث العلمي

MINISTERE De l'Enseignement supérieure

et de la recherche scientifique

Université M'HAMED BOUGUERRA BOUMERDES

Faculté des Sciences

Département Informatique.

Calcul de Similarité entre Textes pour le Développement des Requêtes

Par :

Abdelghani Krinah

Meriem Talahari.

2012/2013.

Sommaire

Introduction générale

Le rôle d'un système de recherche, quelque soit sa nature, consiste à retrouver les documents (ou passages de document) qui répondent le mieux à un besoin en information. En d'autres termes, il s'agit de résoudre la dualité "pertinence des résultats - coûts de la recherche", qui se trouve être au centre de la problématique de la recherche d'information sur Internet. La question est de trouver une forme de structuration des documents qui permet, d'une part de préserver au mieux leur contenu informationnel et d'autre part à les rendre utilisables par les différents traitements à appliquer. Cette structuration devrait ainsi permettre d'une part de comparer les documents entre eux afin de déterminer ceux dont le contenu se rapproche, et d'autre part de les apparier à un besoin, exprimé généralement par une liste de mots-clés, dans le but de sélectionner les documents qui correspondent le mieux à cette requête.

Dans le cadre de ce projet, nous nous proposons de développer un système de calcul de similarité entre textes, basé sur une organisation vectorielles des données, aussi bien le contenu (corpus de documents) que les besoins (requêtes d'utilisateurs), et comment ça pourrait améliorer la qualité de filtrage l'information par les systèmes de recherche dans le but de retourner les contenus les plus pertinents.

Pour cela, nous allons d'abord nous intéresser au domaine de la recherche d'information sur Internet, communément appelé la RI (Information Retrieval IR). Ce sera l'objet du chapitre 1, ou nous allons présenter les principes de base des systèmes de recherche d'information (les SRI), ainsi que les principaux modèles existants de structuration de données textuelles (booléen, flou, vectoriel …etc.).

Dans le chapitre 2, nous allons pencher plus en détail sur le modèle vectoriel de représentation de documents, d'abord en présentant ses fondements mathématiques, ensuite le processus de traitement, et pour finir les domaines d'application qui adoptent ce modèle.

La suite sera consacrée au système que nous nous proposons de développer dans le cadre de ce projet. La conception de notre application fera l'objet du chapitre 3 ou nous allons présenter l'architecture globale de notre système ainsi que le fonctionnement interne de chaque module qui le constitue. Tandis que le chapitre 4 sera réservé à l'implémentation de l'application, à travers les outils de développement utilisés, quelques algorithmes décrivant les fonctions essentielles ainsi que les interfaces graphiques qui permettent l'interaction avec l'utilisateur.

Nous terminerons par une discussion des performances du système conçus et développés, suivi d'une conclusion qui fera la synthèse du travail accompli, tout en énumérant quelques points qui n'ont pu être accompli dans le cadre de ce travail et qui feront l'objet de futurs projets.

Chapitre I : La recherche d'information

Introduction

La Recherche d'Information n'est pas un domaine récent, elle est apparue avec la naissance des ordinateurs, elle se concentrait sur les applications dans des bibliothèques. Les années 50 ont vu le début de petites expérimentations en utilisant des petites collections de documents (références bibliographiques). Le modèle utilisé alors était le modèle booléen. Mais le grand saut a été opéré dans les années 70 avec le développement du système SMART. Les travaux sur ce système ont été dirigés par G. Salton. Certaines nouvelles techniques ont été implantées et expérimentées pour la première fois dans ce système (par exemple, le modèle vectoriel et la technique de relevance feedback). Par la suite, Les travaux sur la RI ont été influencés par l'avènement de l'intelligence artificielle. Ainsi, on tentait d'intégrer des techniques de l'IA en RI, par exemple, les systèmes experts, etc. [Herzellah, 2012]

La venue de l'Internet a aussi modifié la RI. La problématique s'est élargie. On traite plus souvent une plus grande masse de documents, au contenu plus hétérogène (multimédia) qu'avant. Cependant, les techniques de base utilisées dans les moteurs de recherche sur le web restent identiques.

I.1 Schéma général de la RI

Un Système de Recherche d'Informations (SRI) est un système informatique qui permet de retourner à partir d'un ensemble de documents, ceux dont le contenu correspond le mieux à un besoin en informations d'un utilisateur, exprimé à l'aide d'une requête. Un SRI inclut un ensemble de procédures et d'opérations qui permettent la gestion, le stockage, l'interrogation, la recherche, la sélection et la représentation de cette masse d'informations. Le schéma global des étapes de fonctionnement d'un système de recherche d'information est illustré par la figure I.1. [Herzellah]

En se basant sur cette requête, le système de RI exécute une série d'algorithmes qui permettent d'obtenir une liste de documents ordonnés par leur pertinence. Les différentes étapes de traitement seront détaillées dans ce qui suit.

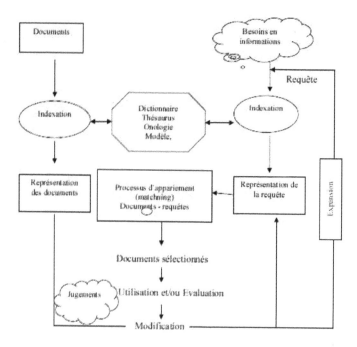

Figure I.1 : Schéma général de la RI

I.2 Chaine de traitement de texte

L'indexation a pour rôle de représenter un document ou une requête par un ensemble de descripteurs, appelés aussi mots clé. Ces descripteurs constituent une facilité d'exploitation des documents étant donné que le ceux-ci sont sous forme de textes libres. Elle peut être :

a) **Manuelle** : Chaque document est analysé par un documentaliste ou un spécialiste du domaine étudié. Il utilise à cet effet un vocabulaire contrôlé basé sur le thésaurus, le lexique,...). C'est une opération qui exige un effort particulier et peut prendre du temps. En raison de facteurs humains (telle que la subjectivité), un même document peut recevoir deux listes différentes de descripteurs s'il est travaillé par deux indexeurs différents.

b) **Automatique** : Le processus est complètement automatisé. L'indexation automatique a pour objectif de produire un ensemble de mots, ou termes, suffisamment informatifs pour bien représenter le contenu d'un document. Les mots d'un document ne sont pas tous également significatifs. En langage écrit, quelques termes portent plus de sémantique que d'autres. Ainsi, les documents sont prétraités pour faire la sélection des termes adéquats.

c) **Semi automatique**: Un premier processus automatique permet d'extraire les termes du document. Cependant le choix final reste au spécialiste du domaine ou au documentaliste pour établir les relations entre les mots clés et choisir les termes significatifs, et ce grâce à une interface interactif. [Herzellah, 2012]

Les étapes du processus d'indexation sont :

I.2.1 Tokénisation

La tokénisation est appelée aussi segmentation. Elle consiste à diviser un texte en unités lexicales (tokens) élémentaires. C'est une opération qui «localise» les chaînes de caractères entourées de séparateurs (caractère blanc, ponctuations), et les identifie comme étant des mots. Elle permet aussi de procéder à une première correction des fautes d'orthographe et des erreurs de saisie.

I.2.2 Elimination des mots vides

Les mots qui sont très fréquents dans les documents d'une collection n'ont pas un bon pouvoir discriminant et ne doivent pas être inclus dans l'index. C'est le cas des pronoms, des prépositions et des conjonctions, naturellement reconnus comme des mots vides. L'élimination des mots vides permet une réduction de l'index d'environ 40%. Vu que la réduction du nombre de termes augmente la performance, certains systèmes considèrent, aussi, comme des mots vides quelques verbes, adjectifs et adverbes.

Cette étape arrive à la constitution d'un ensemble des termes non éliminés, considérés comme des index.

I.2.3 Lemmatisation/racinisation

Chaque mot de la langue lui correspond une catégorie morpho syntaxique.

a) Le **lemme** : Le lemme s'obtient par une flexion (paradigme flexionnel). Exemple: Je travaille, tu travailles, il/elle travaille …. Le lemme est « travailler ». La catégorie grammaticale rattachée à ce lemme est un verbe. [Namer, 1998]

b) La **racine** : La racine s'obtient par une dérivation (paradigme dérivationnel). Exemple: études, étudiant, étudier…. La racine est « étud ». La catégorie rattachée un substantif.

I.2.4 Extraction des mots composés

Les multi-termes sont des mots non obligatoirement successifs qui doivent être reconnus comme formant une seule entité. Un groupe de mots est à priori sémantiquement plus riche que les mots qui le composent pris séparément. Cet argument conduit à ne pas considérer simplement les mots simples comme unités de base dans le langage d'indexation mais également des groupes de mots.

I.2.5 Etiquetage

L'étiquetage consiste à comparer chaque mot du texte (susceptible d'être ambiguë), avec les termes du dictionnaire intégré. Ceci, afin de leur attribuer une ou plusieurs étiquettes en fonction du sens qu'ils sont susceptibles d'avoir dans le contexte où ils sont utilisés. [Lecomte, 1998]

I.2.6 Pondération

La pondération permet d'affecter à chaque terme d'indexation une valeur qui mesure son importance dans le document où il apparaît. Il existe plusieurs formules de pondération, basées essentiellement sur le nombre et l'endroit d'occurrence du terme dans le document, ainsi que dans la base documentaire.

I.3 Typologie des langages documentaires

Un langage documentaire est un langage « pivot » destiné à décrire le contenu des documents et le contenu des questions (requêtes) des utilisateurs que ce soit en entrée (humain) qu'en sortie (machine).

I.3.1 Thésaurus

Langage documentaire fondé sur une structuration hiérarchisée d'un ou plusieurs domaines de la connaissance et dans lequel les notions sont représentées par des termes d'une ou plusieurs langues naturelles et les relations entre notions par des signes conventionnels. Ces relations sont de type linguistiques (équivalence, association, hiérarchisation) et statistiques (pondération). [Herzellah, 2012]

I.3.2 Ontologie

Une ontologie est un ensemble structuré de concepts organisés dans un graphe où les relations peuvent être:

• Des relations sémantiques;

• Des relations de composition et d'héritage (au sens programmation objet).

Une ontologie permet de définir des termes les uns par rapport aux autres, chaque terme étant la représentation textuelle d'un concept. [Herzellah, 2012]

I.4 Les modèles de représentation des documents

Un système de recherche d'information utilise une méthode d'indexation pour représenter les documents. Le plus souvent, cette indexation s'appuie sur les occurrences des termes trouvés dans les documents. Il existe plusieurs modèles pour représenter les documents dans le but de les faire apparier avec les requêtes, ou tout simplement entre eux, suivant l'objectif souhaité.

5

I.4.1 Le modèle booléen

Un modèle classique en recherche d'information est le modèle booléen où chaque document est représenté par l'ensemble des termes qui le composent et la requête de l'utilisateur est formulée à l'aide d'une expression booléenne. Une requête booléenne est représentée par un arbre où les feuilles sont des termes et les nœuds sont les opérateurs AND et OR. Par exemple, la requête (A AND B) OR C est représentée par l'arbre de la figure I.2.

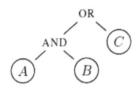

Figure I.2 : Arbre de la requête (A AND B) OR C

La fonction de correspondance μ_q qui apparie un document à la requête q prend des valeurs binaires, ainsi : $\mu_q : D \rightarrow \{0, 1\}$.

Dans ce modèle, les résultats sont construits en prenant des unions (pour le OR) et des intersections (pour le AND) dans l'ensemble des documents contenant les termes de la requête. Une modélisation mathématique de ce modèle consiste à considérer des fonctions μ_t : $D \rightarrow \{0, 1\}$ pour chaque terme $t \in T$: La fonction μ_t prend la valeur 1 si et seulement si le terme t apparaît dans le texte du document d. Ces fonctions μ_t sont associées aux feuilles des requêtes.

Dans l'arbre de la requête q, l'ensemble des documents répondant à un nœud $\mu_{q' \, OR \, q''}$, où q' et q'' sont deux sous-arbres, est la réunion des documents répondant à $\mu_{q'}$ et de ceux répondant à $\mu_{q''}$, ce qui peut s'exprimer par : $\mu_{q' \, OR \, q''} = \max (\mu_{q'}, \mu_{q''})$.

De même, l'opérateur AND est associé à l'intersection, et on pose : $\mu_{q' \, AND \, q''} = \min (\mu_{q'}, \mu_{q''})$.

Dans ce modèle, le critère de décision de pertinence est binaire, le score attribué au document étant pris dans l'ensemble $\{0, 1\}$. Donc les documents retournés ne peuvent pas être classés. Pour graduer ce score dans le cadre des modèles ensemblistes de la recherche d'information, plusieurs modèles basés sur la théorie des sous-ensembles flous ont été développés.

I.4.2 La logique floue

Dans les modèles basés sur la logique floue, à chaque terme t ∈ T est associée une fonction μ_t traduisant le degré d'appartenance d'un document à l'ensemble flou correspondant au terme t :

$\mu_t : D \to [0, 1]$

$d \to \mu_t(d)$.

Dans ce modèle, une requête est aussi représentée par un arbre, un nœud avec l'opérateur OR (resp. AND) est évalué en prenant le maximum (resp. minimum) sur les valeurs de ses fils, ce qui correspond à la réunion (resp. intersection) floue des sous-ensembles flous correspondant à ses fils. Ce modèle permet d'obtenir un score de pertinence pour un document dans l'intervalle [0,1], ce qui permet cette fois de classer les documents. [Beigbeder , 2004]

La figure I.3 montre un exemple d'évaluation de la pertinence de trois documents d1, d2, d3 pour la requête de la figure I.2.

$$T = \{A, B, C\} \quad \mu_A : D \to [0, 1]$$
$$D = \{d_1, d_2, d_3\} \quad d_1 \mapsto 0.08$$
$$d_2 \mapsto 0.05$$
$$d_3 \mapsto 0.79$$

$$\mu_B : D \to [0, 1] \quad \mu_C : D \to [0, 1]$$
$$d_1 \mapsto 0.12 \quad d_1 \mapsto 0.27$$
$$d_2 \mapsto 0.04 \quad d_2 \mapsto 0.03$$
$$d_3 \mapsto 0.76 \quad d_3 \mapsto 0.80$$

$$q = (A \text{ AND } B) \text{ OR } C \quad \mu_q(d_1) = 0.12$$
$$\mu_q(d_2) = 0.03 \quad \mu_q(d3) = 0.79$$

Figure I.3 : Calcul de pertinence par méthode floue

I.4.3 Le modèle vectoriel

Le modèle le plus utilisé dans les outils est le modèle vectoriel où les requêtes et les documents sont représentés par des vecteurs dont les composantes sont les poids pour les termes t ∈ T. Classiquement, le poids ω(d, t) du terme t dans le document d dépend de la fréquence du terme dans ce document et de la fréquence documentaire de ce terme, c'est-à-dire du nombre de documents où le terme t apparaît. La valeur de similarité entre un document et une requête est le plus souvent calculée avec la méthode du cosinus. A noter que l'on pourrait aussi utiliser les poids $\omega(d, t)$ du modèle vectoriel comme valeurs de $\mu_t(d)$ à condition de normaliser ces poids dans l'intervalle [0, 1].

Nous allons revenir plus en détail sur le modèle vectoriel dans le chapitre suivant.

I.4.4 Autres modèles

Enfin, il existe d'autres modèles de représentation de textes dans le domaine de la recherche d'information, parmi lesquels nous pouvons citer :

Le modèle probabiliste

Le modèle probabiliste consiste à calculer la pertinence d'un document en fonction de pertinences connues pour d'autres documents. Il y a différentes approches de calcul de probabilité dans le domaine de la RI :

1. Approche par modèle classique : A partir d'un document et d'une requête on détermine la probabilité d'avoir l'évènement pertinent.

2. Approche par modèle par Réseau d'inférences : A partir du contenu d'un document, on détermine la probabilité pour que la requête soit vraie.

3. Approche par modèle par langage : déterminer la probabilité pour qu'une requête soit générée à partir d'un document. [Herzellah, 2012]

Le modèle de langue

Ce modèle nécessite une analyse morpho syntaxique avec un étiquetage des catégories syntaxiques (Part-Of-Speech Tagging en anglais) en attribuant à chaque mot sa catégorie grammaticale.

Un modèle de langue est un concept probabiliste. Il faudra déterminer la probabilité de chaque bigrammes qu'il apparaisse dans un texte donné ? La probabilité du bigramme est le produit de la probabilité de chacun des termes du bigramme. [Herzellah, 2012]

Ex: bigramme: m1, m2, la probabilité associée est p(m1)p(m2).

I.5 Evaluation d'un système de recherche

On mesure les performances d'un système de recherche d'information par le taux de **rappel** (pourcentage de documents retrouvés parmi tous les documents pertinents) et le taux de **précision** (pourcentage de documents pertinents parmi les documents ramenés). Ces deux notions s'opposent, plus on ramène des documents dans le but de réduire le silence et augmenter le rappel, plus on a tendance à faire baisser le taux de précision et augmenter le bruit. En d'autres termes, l'objectif principal de tout système de recherche est de trouver le bon compromis afin de minimiser à la fois le silence et le bruit dans les résultats.

I.6 Conclusion

Le principal objectif d'un système de recherche d'information est de trouver les documents qui correspondent le mieux à une requête. Pour cela, ils doivent d'abord donner une représentation adéquate tant aux documents qu'à la requête pour pouvoir les faire apparier.

Les travaux entrepris depuis plusieurs années dans le domaine de la RI ont permis l'émergence de plusieurs modèles de représentation des documents textuels (y compris les requêtes). Parmi les différents modèles étudiés, le modèle vectoriel semble être le plus adéquat aux traitements qu'on souhaite effectués, et le mieux adapté aux objectifs que nous nous sommes fixés dans le cadre de ce projet.

Le chapitre suivant sera consacré au modèle vectoriel de représentation de textes. Nous allons présenter plus en détails cette forme de modélisation, ou nous allons étudier les principes sur lesquels elle est basée, les différents traitements effectués pour la structuration de l'information, ainsi que les domaines d'application. Nous finirons par énumérer quelques avantages et inconvénients du modèle vectoriel.

Chapitre II : Le modèle vectoriel

Introduction

Dans l'approche vectorielle en effet, on traite non pas des phrases, mais des textes ou des documents dans leur ensemble, en passant par une représentation numérique très différente d'une analyse structurale, mais permettant des traitements globaux rapides et efficaces. L'idée de base consiste à représenter un texte par un vecteur dans un espace approprié, puis à lui appliquer toute une gamme de traitements vectoriels.

Pour donner un exemple, une application typique consiste à représenter des documents par des vecteurs calculés à partir des mots les plus significatifs présents dans chaque document. Ces vecteurs sont ensuite regroupés par similarité de manière à classer ensemble les documents traitant des thèmes similaires. Cette classification peut alors servir à l'indexation et à la recherche des documents, mais aussi à l'extraction d'informations plus élaborées.

Les notions de vecteur et d'espace vectoriel sont donc fondamentales dans ces méthodes, et nous allons d'abord les préciser. Puis nous passerons aux processus de traitement, et en particulier aux techniques de classification, avant de décrire les grands types d'application. Enfin nous tenterons de discuter et d'évaluer la pertinence de cette approche.

II.1 Espace vectoriel pour la représentation de textes

La théorie mathématique sous-jacente à cette approche est la théorie des espaces vectoriels et plus généralement l'algèbre linéaire. La théorie des espaces vectoriels est souvent exposée de manière purement axiomatique et formelle. Ainsi un espace vectoriel se définit comme un ensemble d'éléments (les vecteurs) muni de deux opérations internes particulières (l'addition vectorielle et la multiplication par un nombre scalaire).

L'ensemble est fermé pour ces opérations, qui redonnent toujours des éléments de l'ensemble, c'est-à-dire des vecteurs. Cette définition formelle a l'avantage que les vecteurs peuvent être des objets très variés, comme des polynômes ou des fonctions.

En ajoutant ensuite à cette structure algébrique une opération telle que le produit scalaire (défini plus loin), on munit un espace vectoriel d'une mesure de distance entre vecteurs. Cette mesure permet une interprétation géométrique de l'espace vectoriel.

Un vecteur est un ensemble de valeurs, ou composantes, représentant typiquement un objet ou un individu par des traits numériques. Par exemple, on peut décrire les habitants d'une ville par leur âge, revenu, niveau d'éducation, nombre d'enfants... Des traits qualitatifs (non numériques) comme le sexe, le statut marital, la profession, peuvent se traduire aisément en valeurs binaires, donc également numériques. Les traits peuvent être pondérés selon leur importance.

Une fois que des objets (par exemple des documents) auront été représentés par de vecteurs dans un espace vectoriel approprié, on pourra les traiter grâce aux opérations usuelles sur les vecteurs.

Mais on cherche aussi très souvent à mesurer la ressemblance ou similitude de deux vecteurs, et on dispose pour cela d'opérations précises et faciles à calculer comme le produit scalaire. Ce dernier permet de mesurer des notions géométriques comme longueur, angle ou distance.

II.1.1 Produit scalaire

C'est la somme des produits terme à terme des composantes des deux vecteurs (les deux vecteurs doivent avoir la même dimension) :

$$v.u = v_1\, u_1 + v_2\, u_2 + \dots + v_n\, u_n = \Sigma_i\, v_i\, u_i$$

Le résultat de cette opération sur deux vecteurs est un nombre (un scalaire). Celui-ci mesure la similarité relative entre deux vecteurs (il croît avec leur similarité).

Si deux vecteurs ont la même longueur, leur produit scalaire est équivalent à l'angle que font les vecteurs entre eux :

II.1.2 Angle et cosinus

$$\cos \alpha = \ v.u\ /\ \|v\|\ \|u\|$$

Différentes mesures utilisées en recherche d'information ne sont en fait que des variantes de cette dernière formule.

II.1.3 Distance euclidienne

C'est la norme de la différence des deux vecteurs :

$$d2 = \|v - u\|^2$$

Notez que pour utiliser une telle distance, on suppose que l'espace en jeu est euclidien, c'est-à-dire homogène et vérifiant des propriétés géométriques précises comme la formule de Pythagore.

II.1.4 Vecteurs et matrices

Une autre notion importante est celle de matrice. Une matrice est un tableau de m x n nombres, c'est-à-dire composé de n colonnes de dimension m, ou de m rangs de dimension n. Ce peut être simplement une manière de ranger des données, mais c'est aussi un outil de calcul vectoriel, car chaque rang ou colonne de la matrice est un vecteur.

En fait, si on considère un vecteur comme une matrice à une seule colonne (ou un seul rang), on peut généraliser le calcul vectoriel comme un cas particulier du calcul matriciel. Une matrice est ainsi un opérateur permettant de passer un espace vectoriel à un autre, ce qui peut être très utile, par exemple pour réduire la dimension des données (en prenant n > m).

II.2 Représentation de documents par des vecteurs

En représentant textes et documents dans un espace vectoriel bien choisi, on peut alors regrouper les éléments voisins de manière à faire émerger des nuages de points correspondant à des classes significatives. Par exemple des documents proches dans un tel espace traiteront en général de sujets similaires sémantiquement.

Le choix des éléments et des traits pertinents est évidemment crucial, mais les résultats dépendront aussi de l'algorithme de classification. Il y a beaucoup de variantes attestées ou imaginables dans les réponses à ces questions. Mais un exemple typique serait le suivant :

- Eléments : documents

- Traits : mots importants

- Distance : euclidienne

Pour des algorithmes de base (comme la classification par k-moyennes), les classes obtenues regroupent bien en général des documents sémantiquement proches, ce qui servira à des tâches pratiques.

II.3 Processus de traitement

Le traitement de textes et documents selon le modèle vectoriel suit généralement des étapes typiques : vectorisation, classification, interprétation et utilisation. Chacune de ces étapes devra répondre à son tour aux questions de la section précédente. Mais c'est l'étape de vectorisation (c'est-à-dire de représentation d'un texte par un ou plusieurs vecteurs) qui demande de faire le choix fondamental des éléments retenus et des traits représentatifs. Les choix dépendent bien sûr des tâches à effectuer (indexation ou étude terminologique par exemple), et nous allons passer en revue les principales possibilités.

II.3.1 Choix des éléments

Pour un document court comme une page Web ou un courrier électronique, on peut représenter tout le texte par un vecteur. Pour un document plus long comme un article scientifique, on peut ne représenter qu'une partie significative (le résumé, l'introduction, la première page, les titres et sous-titres... ou une combinaison des éléments précédents) ou bien encore représenter tout le texte par un seul vecteur.

II.3.2 Choix des traits descriptifs

On se sert souvent comme traits des mots présents dans le document. Mais on commence par éliminer les mots de fonction (comme articles, prépositions, particules diverses) qui sont très fréquents et peu discriminants. Ensuite on ne retient que les mots pleins (surtout noms et verbes) ayant une fréquence suffisante dans le document. Cela revient à ne garder que les mots de fréquence moyenne, ni trop haute ni trop basse.

On peut aussi utiliser des mesures plus élaborées pour ne retenir que les mots les plus discriminants entre documents dans l'ensemble d'un corpus. Une mesure assez simple consiste à diviser la fréquence d'un mot par le nombre de documents où il apparaît (car un mot présent partout sera peu discriminant).

Un autre choix à faire est de ne noter que la présence ou l'absence d'un mot dans un segment de texte (donnant ainsi des vecteurs binaires) ou bien de retenir la fréquence du mot dans le segment (ou des mesures plus élaborées) de manière à pondérer le trait descriptif.

II.3.3 Représentation : mot / document

Il existe aussi une approche duale : représentation des mots ou termes dans l'espace des documents, et classification des mots dans ce contexte. Les éléments à classer sont alors les mots, et les traits descriptifs sont des documents (ou des segments de texte). Cela permet de créer des classes sémantiques de mots, notamment pour créer un dictionnaire de synonymes ou plus généralement un thésaurus de termes apparentés.

Un thésaurus est utile pour élargir une recherche de documents en ajoutant à la requête d'origine des mots auxquels l'utilisateur n'a pas pensé, mais qui seraient pertinents. Mais il y a d'autres usages encore (aide à la rédaction, traduction automatique) pour ce genre de répertoire.

II.4 Calcul de similarité

Deux types d'appariement entre deux chaînes de caractères peuvent être distingués : la correspondance généralisée (generalized matching) et approximative (approximate matching). La correspondance généralisée retourne toutes les réalisations exactes d'un patron qui peut être plus ou moins souple (une expression régulière par exemple). La correspondance approximative utilise quant à elle une mesure de distance entre deux chaînes de caractères et ne retient que les segments pour lesquels cette mesure est inférieure à un certain seuil. C'est ce deuxième type d'appariement qui est le plus pertinent : les chaînes à comparer peuvent être très différentes et les patrons n'offrent pas assez de souplesse (même sous forme d'une expression régulière, ils ne peuvent par exemple pas gérer deux chaînes similaires dont l'ordre des mots diffère).

Dans ce modèle, les documents (les phrases dans notre cas) sont représentés par des vecteurs de dimension n où n est la taille du vocabulaire, chaque dimension correspondant à une unité lexicale du vocabulaire. Le calcul de similarité se fait via des méthodes numériques :

II.4.1 Recouvrement

Le recouvrement permet de déterminer de façon grossière si deux suites de mots sont similaires. Il consiste en un calcul du pourcentage de mots communs entre deux suites de mots sans tenir compte de leur ordre d'apparition. Cette mesure se rapproche d'une similarité **cosine** pour laquelle tous les mots présents dans la question auraient un poids égal à 1. Elle est bien sûr simple, mais elle constitue un point de départ.

II.4.2 Calcul de cosinus utilisant TF.IDF

Ce calcul de similarité attribue à chaque mot t du document d un poids ω_{td} selon la formule suivante : [Salton,1983]

$$\omega_{td} = TF_{td} \cdot IDF_t$$

Où TF_{tq} (Term Frequency) représente le nombre d'occurrences du mot t dans le document d et où IDF_t (Inverse Document Frequency) caractérise le nombre de documents contenant le mot t dans un corpus.

La similarité entre deux documents i et j est ensuite calculée selon une formule de cosinus classique :

$$sim(i,j) = \frac{\sum_{t \in i \cap j} (w_{ti} \cdot w_{tj})}{\sqrt{\sum_{t \in i} w_{ti}^2 \cdot \sum_{t \in j} w_{tj}^2}}$$

Figure II.1 : Calcul de similarité par pondération tf.idf

Ou Sim (i, j) représente le degré de similarité entre les documents i et j alors que ω_{td} est le poids du terme t dans le document d.

II.5 Applications

Le modèle vectoriel s'est révélé tout à fait efficace pour de nombreuses applications. On peut remarquer la variété des applications d'un modèle somme toute assez simple. Parmi ces applications on peut citer les suivantes :

14

II.5.1 Indexation et recherche

C'est l'application la plus évidente et la plus courante des méthodes vectorielles. Après vectorisation des documents par les techniques exposées plus haut, on obtient des classes de documents proches dans l'espace vectoriel.

Le "noyau caractéristique" des mots communs à une classe de documents peut servir d'index, puisqu'il caractérise la classe. La recherche des documents pertinents se fera alors à partir d'une requête composée de mots-clefs. On considère que la requête est un vecteur se situant dans le même espace que les documents, on recherche la classe dont le centroïde est le plus proche de la requête, et on ramène les documents de cette classe. Le système SMART est un des exemples les plus connus. [Memmi ,2000]

II.5.2 Filtrage et résumé

Une autre application assez proche de la précédente consiste à utiliser la classification non pas pour rechercher des documents pertinents, mais pour exclure des messages non pertinents. C'est utile pour le courrier électronique par exemple, afin d'éviter des messages non désirés. Le système de filtrage ne laissera passer que des textes proches des centres d'intérêt de l'utilisateur.

Les filtres peuvent être explicitement initialisés par l'utilisateur, ou bien déduits de son comportement. Le système notera ce que l'utilisateur accepte ou rejette, et en tirera des patrons positifs ou négatifs. Ce sont toujours des vecteurs, avec lesquels sera comparés tout nouveau message électronique.

De la même façon, on peut aider à la navigation sur le Web, en observant le comportement de l'utilisateur. Après un temps d'apprentissage, le système proposera à l'utilisateur les pages et les liens les plus proches de ses centres d'intérêt constatés précédemment.

De plus, on peut décrire sommairement le contenu des textes recommandés ou déconseillés par un tel système. En effet les mots qui ont servi à accepter ou à rejeter un document constituent une description grossière mais significative. [Memmi ,2000]

II.5.3 Extraction terminologique

Dans les grandes base documentaire, il est important de maintenir une terminologie homogène et uniforme (ne serait ce que pour la recherche documentaire). L'approche vectorielle peut s'avérer un outil efficace pour cette tache.

Après classification de documents ou de segments de documents, on recueille le noyau caractéristique des classes obtenues. Ces noyaux lexicaux donnent de précieuses indications sur les thèmes principaux et les régularités terminologiques du corpus traité (Meunier & Nault 97). En effet les noyaux représentent les ensembles les plus fréquents de cooccurrences croisées, qui ont servi de base à la classification.

15

Il s'agit là d'une aide à l'extraction de connaissances, et non d'un processus entièrement automatique. Il reste nécessaire de faire appel à un expert humain pour valider et exploiter les résultats. Mais il y a un gain de temps certain par rapport à une approche manuelle, et on peut développer des programmes de post-traitement pour mieux révéler et mettre en forme les relations entre termes du corpus. [Memmi ,2000]

II.5.4 Construction de thésaurus

Il est souvent utile de disposer de dictionnaires de synonymes et de termes apparentés. Cela permet notamment d'élargir une recherche en ajoutant à une requête des mots auxquels l'utilisateur n'aura pas pensé spontanément (par exemple, associer bateau et voilier à navire). Cela sert aussi à normaliser une requête en remplaçant les mots de l'utilisateur par des mots-clefs voisins. Un tel répertoire ou thésaurus peut se réaliser en classant les mots dans l'espace des textes où on les trouve.

Il faut pour cela découper le corpus de textes en documents ou fragments homogènes, qui vont constituer les dimensions de l'espace de référence. Les mots qui se retrouvent (en fréquence suffisante) dans les mêmes régions de cet espace sont probablement apparentés, puisqu'ils sont présents dans les mêmes documents. [Bruandet_ Chevallet, 1997]

II.5.5 Autres directions

Il existe aussi des directions de recherche plus avancées. On peut en mentionner un certain nombre :

Recherches linguistiques

L'approche vectorielle constitue une méthode d'investigation de la structure sémantique d'un corpus de texte. L'extraction de termes par exemple n'est pas seulement un problème pratique, mais pose aussi des questions sur le contenu sémantique des textes. [Memmi ,2000]

Extraction de connaissances

En poursuivant les travaux sur l'extraction de termes, on peut espérer extraire les thèmes essentiels d'un texte, et par là même des connaissances sur le domaine décrit. Cette direction de recherche, à peine esquissée actuellement, se heurte peut-être à des problèmes de fond. [Memmi ,2000]

Aide à l'utilisation du Web

La recherche et la navigation sur le Web est évidemment un domaine d'application majeur pour ces différents travaux. Une direction actuelle consiste à personnaliser la navigation en recueillant les thèmes d'intérêt habituels de l'utilisateur pour le guider ensuite dans ses recherches. Les profils de consultation ainsi établis constituent une expertise explicite et réutilisable. [Memmi ,2000]

II.6 Conclusion

Le modèle se base sur la représentation des documents par des vecteurs, dont les dimensions sont les termes contenus dans les documents, et les composants sont les poids respectifs de ces termes dans ces documents.

Ce modèle offre beaucoup d'avantages ; il est basé sur un fondement mathématique solide du fait de la formalité que lui profère le domaine des espaces vectoriels dont il s'inspire. De plus, il offre une simplicité intuitive de conception, on peut aisément imaginer des vecteurs (documents) graphiquement dans un espace à 2 voire 3 dimensions. Ce modèle offre également beaucoup de facilité d'implémentation du moment que l'appariement se fait via des fonctions classiques de calcul algébrique telles que les opérations sur les matrices et leurs composantes. Et pour finir, les différentes applications dans divers domaine ont prouvé l'efficacité du modèle vectoriel, tant au niveau de la précision des résultats que de la qualité des performances.

Néanmoins, on peut reprocher à la représentation vectorielle des documents le faut qu'elle soit trop basée sur les traitements statistiques, et par conséquent, elle souffre de lacunes quant à la considération de l'aspect sémantique des contenus, d'où la possibilité de l'apparition d'ambiguïtés.

Dans le chapitre suivant, nous allons proposer un système de calcul de similarité entre textes, basé sur la représentation vectorielle des documents, ou nous allons profiter des avantages qu'offre cette modélisation, tout en essayant d'améliorer son principal inconvénient.

Chapitre III : Conception de l'application

Introduction et Objectifs

L'objectif principal du système que nous nous proposons de développer dans le cadre de ce projet est le calcul de similarité entre textes. C'est-à-dire calculer le degré de ressemblance entre le contenu de documents textuels afin de déterminer lesquels sont proches, et à quel point ils le sont. Ce qui permet, par la suite, de faire apparier ces documents avec une requête, préalablement traitée, enrichie et étendue, dans le but de sélectionner les documents les plus pertinents, c'est-à-dire ceux qui répondent le mieux à la requête.

Pour ce faire, nous nous chargerons d'abord de donner une représentation vectorielle aussi bien aux documents qu'à la requête, en se basant sur des calculs statistiques, enrichis par des traitements et des extensions sémantiques, et d'établir, par la suite, la correspondance entre ces représentations.

Parmi les différents modèles de représentation disponibles, le choix s'est porté sur le modèle vectoriel en raison de son opérabilité dans divers domaines, mais surtout du fait qu'il soit proche de nos préoccupations et de nos objectifs, et le mieux adapté aux traitements que nous souhaitons appliquer.

Dans ce qui suit, Nous allons présenter en détail les méthodes et les techniques utilisées dans notre système pour accomplir les taches qui lui sont assignées, tout en précisant la justification de leur choix et enfin le cheminement des processus via lesquels notre système réalise l'objectif qui lui est assigné.

III.1 Décomposition du système

Notre système peut être décomposé en trois couches en interaction : la couche interface, la couche traitement et la couche données.

La figure suivante constitue une illustration de cette décomposition :

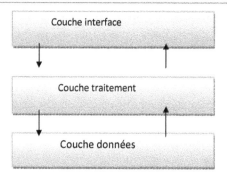

Figure III.1 : Décomposition du système

La division de notre système en couche vise à un renforcement du niveau d'attente des objectifs qui lui sont assignés.

III.1.1 La couche interface

Interface utilisateur : elle représente le niveau de visualisation des documents de la base et des résultats du calcul de similarité par l'utilisateur, ainsi que le déroulement du processus et les différents résultats des traitements intermédiaires. Cette interface permet également de définir les paramètres, lancer les modules et surveiller le bon déroulement des opérations.

III.1.2 La couche traitement

Cette couche regroupe les quatre principaux modules de traitement suivants :

- Le module indexation.

- Le module calcul de similarité.

- Le module expansion de la requête.

- Le module reconnaissance des multi-termes.

III.1.2.1 Le module indexation.

Il regroupe tous les traitements effectués sur les documents qu'inclut l'indexation. Le module d'indexation a pour fonction principale la représentation des textes intégraux. Il consiste à décrire les documents par un ensemble de termes paramétrés, susceptibles de représenter les concepts contenus dans ces documents, et cela en vue de leur exploitation ultérieure.

Les étapes d'indexation sont : la tokénisation, l'étiquetage morphosyntaxique, l'extraction des multi-termes, l'élimination des mots vides, la lemmatisation et la pondération.

La méthode d'indexation que nous avons choisi d'adopter dans notre application est une « indexation statistique étendue » ; la structuration vectorielle des documents est d'abord

19

basée sur des calculs statistiques des occurrences des termes qu'ils contiennent, ces documents seront ensuite enrichis par d'autres termes sémantiquement proches à ceux déjà extraits, en sa basant sur un thésaurus préalablement établis.

III.1.2.2 Le module calcul de similarité

C'est le module noyau du système, il comprend la fonction fondamentale permettant d'effectuer le rapprochement entre la requête de l'utilisateur et les documents afin de restituer les informations pertinentes, ou bien entre les documents pour les classer par leur mesure de similarité.

Notre choix s'est porté sur **le modèle vectoriel** (voir chapitre II) avec la mesure du produit scalaire. Le choix de ce modèle a été principalement motivé par l'uniformité de la représentation qu'il donne aux requêtes et aux documents, ce qui facilite les différents traitements statistiques à effectuer sur ces mêmes requêtes et documents.

III.1.2.3 Le module expansion de la requête

Ce module effectue un traitement sur les requêtes. Une fois les documents indexés, et la requête soumise par l'utilisateur, on utilise une ontologie pour trouver les termes qui sont proches des termes de la requête, on les rajoute à la représentation (vecteur) de la requête.

Le deuxième traitement est celui de la construction de l'ontologie. Ceci est fait d'abord en calculant le degré de similarité entre tous les termes contenus dans le corpus de documents (deux à deux), puis en rajoutant à l'ontologie les couples de termes dont l'indice de similarité dépasse le seuil préalablement fixé (de manière flexible et suivant la pertinence des résultats).

III.1.2.4 Le module reconnaissance des multi-termes :

Ce module regroupe deux traitements, le premier est indépendant de la chaine d'indexation et consiste à construire la base des multi-termes. Le deuxième traitement est un sous traitement qui utilise la base construite à l'étape précédente pour reconnaitre les multi-termes durant l'étape d'indexation afin d'avoir des index sémantiquement plus riche. Nous ne considérons que les termes à fort voisinage, c'est-à-dire les termes qui se suivent ; ceux dont la distance qui les sépare est élevée ne seront pas pris en charge par le système.

III.1.3 La couche données

Elle concerne le niveau le plus bas. Ce dernier porte sur l'organisation physique des données textuelles. Donc c'est à ce niveau que s'effectue le stockage et la manipulation des informations qui constitue le contenu des documents, suivant un schéma interne bien structuré.

III.2 Architecture générale du système

Comme illustré par la figure III.2, notre système effectue un pré traitement sur la requête et les documents du corpus, c'est le traitement d'indexation (M1) qui consiste à attribuer **à la**

requête et à chaque document une présentation exploitable par la suite. Durant cette étape notre système effectue un traitement qui reconnaît les multi-termes (M2) (**aussi bien pour les documents que pour la requête**), en fait l'extraction, et construit une base de multi-termes en même temps. La requête ainsi que chaque document seront représentés par un vecteur contenant les termes qu'ils contiennent ainsi que leurs poids respectifs. La structure matricielle du corpus est obtenue en rassemblant cote à cote toutes les présentations (vectorielles) des documents qui le constituent.

Le traitement de calcul de similarité (M4) opère à deux niveaux : il se charge d'établir la correspondance entre la requête et les différentes représentations que contienne le corpus en calculant la mesure de similarité (étape de recherche), ou bien entre les représentations des documents elles-mêmes (étape de classification). Mais avant cela, nous allons introduire l'aspect sémantique à notre système en construisant une ontologie, qui va servir à **enrichir sémantiquement les requêtes** (M3).

De plus notre système doit garantir la sauvegarde de l'index constitué lors de l'indexation la sauvegarde de l'ontologie et aussi de la base des multi-termes.

Le fonctionnement général de notre système est schématisé par la figure suivante :

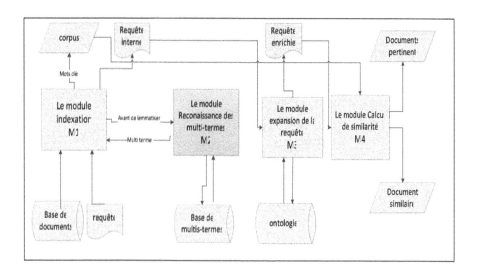

Figure III.2 : Architecture générale du système

21

Après avoir décrit l'architecture globale du système ainsi que les modules qui le constituent, nous allons dans la section suivante présenter plus en détail le traitement interne de chaque module.

III.3 Conception détaillée du système

Dans ce qui suit, nous allons décrire plus en détail les modules de notre système et leurs fonctionnalités.

III.3.1 Le module indexation

Les principales étapes de l'indexation sont :

III.3.1.1 Tokénisation :

Cette étape consiste à reconnaitre les termes, ce sont les entités séparées par un espace, un signe de ponctuation, ou un caractère de mise en forme (tabulation, saut de ligne …etc.). Nous utilisons un parseur pour découper le texte intégral en éliminant les séparateurs et en ne gardant que les données utiles. Les termes retenus vont constituer la représentation vectorielle du document et serviront de base pour les traitements suivants. Le principe de la tokénisation est illustré par l'exemple du schéma suivant :

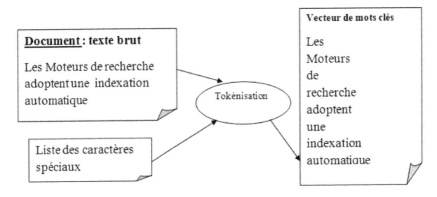

Figure III.3 : le principe de la tokénisation

III.3.1.2 Etiquetage morphosyntaxique

Par la suite, nous effectuons la reconnaissance du type grammatical de chaque terme du document, obtenu dans l'étape précédente. Pour cela, nous utilisons un dictionnaire intégré pour comparer les termes du vecteur avec les termes du dictionnaire, et associer à chaque terme un type en fonction de son sens dans le contexte où il est utilisé. En cas d'ambiguïté (par exemple le terme « présent » peut être un nom ou comme un adjectif, de plus le terme « présente » peut être soit un adjectif soit la forme conjuguée du verbe « présenter »), nous allons nous baser sur la position grammaticale du terme pour déterminer son type ; s'il est

22

précédé d'un article ou d'une préposition (le présent, un présent, du présent) ce sera un nom, s'il est précédé d'un nom (situation présente, personne présente) on va s'intéresser à ce qui le suit, si c'est un verbe il sera considéré comme adjectif, si c'est un complément (article + nom) il sera de type verbe. Le principe de l'étiquetage est illustré par l'exemple suivant :

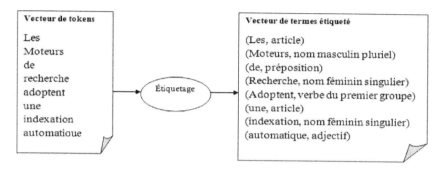

Figure III.4 : Exemple de l'opération d'étiquetage

III.3.1.3 Extraction des multi-termes

Pour que les résultats de l'opération d'indexation soient plus significatifs d'un point de vue linguistique, nous avons utilisé à cette étape le module « *reconnaissance des multi-termes* » qui permet d'extraire les mots composés (locutions nominales ou noun phrases en anglais) et d'avoir des vecteurs sémantiquement plus riches. Chaque multi-terme sera considéré comme un seul terme pour les traitements suivants. Nous allons présenter plus en détail la méthode que nous avons élaborée pour l'extraction des multi-termes dans la section III.1.3. Pour l'instant, nous allons nous contenter d'illustrer le principe par un petit exemple :

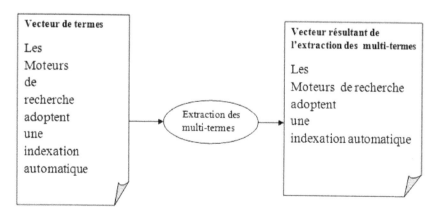

Figure III.5 : Extraction des multi-termes

23

Il est à noter qu'après cette étape, la locution « Moteur de recherche » sera considéré comme un seul terme au lieu de considérer « Moteur » et « Recherche » comme deux termes séparés, de même pour l'expression « Indexation automatique ».

III.3.1.4 Elimination des mots vides

Les mots vides sont des mots peu significatifs, porteurs de peu de sens et rendant le traitement plus lent. De ce fait leur élimination est impérative. Pour ce faire nous allons se baser sur le type linguistique de chaque terme, en ne gardant que les noms, verbes et adjectifs. De ce fait tous les autres types seront rejetés, c'est-à-dire les prépositions, les articles, les pronoms, les adverbes etc. sachant que ces mots n'ont aucune valeur sémantique et donc jugé inutiles. Les ambigüités qui peuvent apparaitre ici (par exemple le terme « or » peut être un nom comme une conjonction de coordination) seront relevées en utilisant la position grammaticale du terme en question dans la phrase tel qu'expliqué dans la section III.3.1.2.

Le schéma de la figure suivante illustre le principe de cette opération :

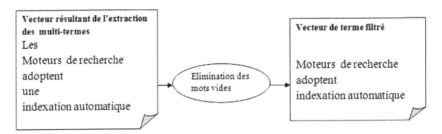

Figure III.6 : Elimination des mots vides

III.3.1.4 Lemmatisation

Ce traitement consiste à ramener les variantes morphologiques des termes à leurs formes standards (souvent appelée lemme). Pour cela, nous allons appliquer un ensemble de règles de lemmatisation sur les différentes formes dans le but de transformer les verbes conjugués en infinitif, supprimer les formes plurielles, etc.

Nous avons dû associer deux mécanismes afin de réussir cette opération :

Un **algorithme de conversion** qui traite les cas généraux selon les règles suivantes :

Féminin → Masculin

[racine]trice → [racine]teur

[racine]ande → [racine]and

[racine]onde → [racine]ond

24

[racine]aude → [racine]aud

[racine]arde → [racine]ard

[racine]ale → [racine]al

[racine]elle → [racine]el

[racine]ine → [racine]in

[racine]onne → [racine]on

[racine]enne → [racine]en

[racine]une → [racine]un

[racine]ère → [racine]er

[racine]ise → [racine]is

[racine]esse → [racine]e

[racine]euse → [racine]eur

[racine]ate → [racine]at

[racine]cte → [racine]ct

[racine]ite → [racine]it

[racine]nte → [racine]nt

[racine]atte → [racine]at

[racine]ette → [racine]et

[racine]ive → [racine]if

[racine]ée → [racine]é

[racine]ie → [racine]i

[racine]ue → [racine]u

[racine]uë → [racine]u

Pluriel → Singulier

[racine]s → [racine]

[racine]aux →[racine]al

[racine]eaux → [racine]eau

[racine]eux → [racine]eu

Une **table** contenant les **cas particuliers** qui n'obéissent pas aux règles générales de la langue en question, par exemple : (travaux → travail, acte → acte).

Le processus de lemmatisation se fait en trois étapes :

D'abord, repérer les formes fléchies potentielles qui sont les mots se terminant soit par « e » pour le féminin, soit par « s » ou « x » pour le pluriel.

Ensuite, rechercher le mot dans la table des cas particuliers, et récupérer sa forme lemmatisée s'il y est.

Finalement, si le mot ne répond à aucun cas particulier, vérifier si l'une des règles de l'algorithme précédemment cité lui est applicable ; Si oui, sa forme normalisée est obtenue par l'application de la règle adéquate. Sinon, il ne sera pas considéré comme forme fléchie et sera par conséquent inséré dans l'index sous sa forme originale.

Le principe est illustré dans l'exemple suivant :

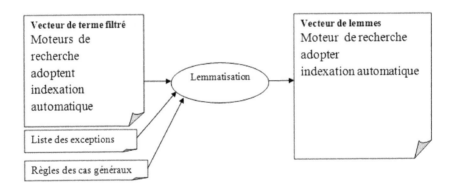

Figure III.7 : Exemple de la Lemmatisation

III.3.1.5 pondération

Après avoir extrait les termes les plus représentatifs pour chaque document, et leurs lemmes respectifs, la prochaine étape consiste à procéder à leur pondération, c'est-à-dire calculer un poids (indice de représentativité) pour chaque terme du document. Pour cela, nous allons utiliser la formule bien connue **TF*IDF** (voir chapitre 1 section III.4). En premier lieu nous allons calculer la fréquence absolue (TF) de chaque terme, ensuite sa fréquence relative (IDF), puis combiner les deux mesures afin de calculer le poids final, comme suit :

Calcul de la Fréquence absolue TF :

La pondération se portera d'abord sur le calcul de la fréquence absolue. Nous l'effectuons en utilisant la formule suivante :

$$\text{TF }(t) = \log_{10}[f(t,d)] + 1$$

Avec $f(t,d)$ la fréquence d'occurrence du terme t dans le document d.

Log_{10} : logarithme à base 10.

Calcul de la fréquence relative IDF :

La valeur discriminatoire du terme t est calculée suivant la formule :

$$\text{IDF }(t) = \log_{10}(N/n)$$

Avec : N le nombre total de documents du corpus ou de la base documentaire et n le nombre de documents du corpus contenant le terme t.

Log_{10} : logarithme à base 10.

Le choix de ces métriques de pondération est motivé par le principe suivant :

Plus souvent un terme t_i apparait dans un document d_j, plus important ce terme est pour ce document (TF = Term Frequency).

Plus il y'a de documents qui contiennent un terme t_i, plus petite est sa contribution dans la représentation du document dans lequel il apparait (IDF = Inverse Document Frequency).

À chaque mot t_i du document d_j sera attribué un poids ω_{td} en combinant les deux fréquences calculées précédemment, selon la formule suivante:

$$\omega_{td} = \text{TF}_{td} \cdot \text{IDF}_t$$

Où ω_{td} représente le poids (weight) du terme t dans le document d, TF_{td} la fréquence absolue du terme T dans le document d, et IDF_t la fréquence relative du terme T dans le corpus.

Le processus de pondération est illustré par l'exemple suivant :

27

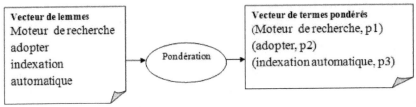

P1, p2, p3 : valeur de pondération.

Figure III.8 : Processus de pondération

Une fois les poids calculés, les documents sont organisés sous une forme vectorielle, dans laquelle les dimensions du vecteur représentant un document sont les termes qu'il contient.

Comme le montre la figure suivante, la structure matricielle du corpus est obtenue en rassemblant tous les documents qui le constituent.

ti	Moteur De Recherche	adopter	Indexation automatique
d1	p1	p2	p3
d2	p8	p9	p11
d3	p4	p13	p16
d4	P33	P31	P12
d5	P32	P37	P55

p_i = Valeurs de pondération.

Figure III.9 : Représentation matricielle du corpus

III.3.2 Le module calcul de similarité

Ce module reçoit en entrée, à partir de la matrice corpus, deux vecteurs correspondants aux poids des termes de deux documents, ou bien d'un document et une requête, Ce module calcule la similarité entre ces deux vecteurs en utilisant la mesure du produit scalaire du modèle vectoriel. C'est-à-dire en calculant le cosinus de l'angle qui se trouve entre les deux vecteurs correspondants (voir la figure III.11), en utilisant la formule suivante :

$$Sim(i, j) = \Sigma (\omega_{ti} * \omega_{tj}) / \sqrt{\Sigma \omega_{ti}{}^2} * \sqrt{\Sigma \omega_{tj}{}^2}$$

Où Sim(i, j) représente le degré de similarité entre le vecteur i et le vecteur j. Alors que les ω_{ti} et ω_{tj} présentent les poids respectifs du terme t dans les vecteurs i et j. Le couple (i, j) peut être (document, document) ou bien (requête, document).

- **Le cas de calcul de similarité (document, document)**

L'indice de similarité ainsi calculé est une valeur comprise entre 0 et 1. Plus cette valeur tend vers 1, plus les documents correspondants sont jugés proches, et donc leurs contenus similaires. Le résultat de ce traitement est un ensemble de tuples (d_i, d_j, S_{ij}) contenant chacun un couple de documents (d_i et d_j) et leur degré de similarité (S_{ij}), comme illustrée par le tableau de la figure suivante :

d_i	d_j	Sim (d_i,d_j)
d_1	d_2	S_{12}
d_1	d_3	S_{13}
d_1	d_5	S_{15}
d_2	d_3	S_{23}
.	.	.
d_4	d_5	S_{45}

Où S_{ij} est le degré de similarité entre le document d_i et le document d_j.

Figure III.10 : Matrice de similarité entre documents

- **Le cas de calcul de similarité (requête, document)**

L'indice de similarité ainsi calculé est une valeur comprise entre 0 et 1. Plus cette valeur tend vers 1, plus les documents correspondants sont jugés pertinents, et donc leurs contenus répondent mieux à la requête. Le résultat de ce traitement est une liste de document avec leur degré de similarité à la requête.

Le degré de similarité entre deux documents ou un document et la requête correspond donc au cosinus de l'angle qui se trouve entre les deux vecteurs respectifs. Ce principe peut être illustré graphiquement dans un espace à n dimensions (ou n représente le nombre des termes de chaque vecteur) comme illustré par la figure suivante :

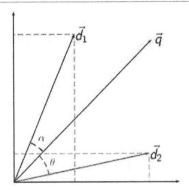

$\vec{d_i}$: les vecteurs représentatifs des documents

$\vec{q}$ le vecteurs représentatif de la requête.

Figure III.11 : Représentation graphique des vecteurs documents et requête

III.3.3 Le module reconnaissance des multi-termes:

C'est un module qui contient deux traitements complémentaires, il permet en même temps d'extraire les mots composés afin de construire une base de multi-termes, et aussi de reconnaitre les multi-termes présents dans les documents et susceptibles de les représenter.

Comme cité précédemment (voir III.3.1.3), durant l'étape d'indexation et une fois le type de chaque mot obtenu, on utilise la base de multi-termes pour une première détection des multi-termes connus où déjà extraits.

D'un autre coté on procède à la construction de la base des multi-termes en soumettant le texte lemmatisé à un automate à états finis dans le but d'extraire les séquences ordonnées (locutions) de mots qui respectent une certaine grammaire préalablement établie et qui seront considérées comme étant des multi-termes potentiels (non encore validés).

Les multi-termes peuvent être validés de deux manières :

- **Statistique** : une locution est considérée comme un multi-terme valide si sa fréquence d'apparition dépasse un certain seuil, pour éviter de prendre tous les locutions sélectionnées, c'est-à-dire si on fixe le seuil à 3, seuls les multi-termes extraits (potentiels) qui auront apparaissent 3 fois ou plus dans le document seront retenus.

- **Manuelle** : l'administrateur du système se charge de retenir les mots composés qu'il juge les plus cohérents. Il se base sur son analyse pour ne valider que les multi-termes qui ont vraiment un sens.

Dans notre cas, nous avons adopté une solution **hybride** qui consiste en la combinaison des deux méthodes dans le but de profiter en même temps de la rapidité de la méthode statistique et de la précision de la méthode manuelle. Les résultats de l'extraction automatique seront soumis à un administrateur pour visualisation, ce dernier se charge de retenir les multi-termes fréquents, comme il peut sélectionner des multi-termes peu fréquents (inférieur au seuil et donc non retenus par le traitement statistique) et les valider s'il les juge pertinents. Les multi-termes ainsi validés seront insérés dans la base (dictionnaire) des multi-termes.

Dans ce qui suit, nous allons expliquer les étapes de reconnaissance de multi-terme : Tout d'abord un linguiste se charge d'établir une grammaire en ordonnant les types de mots dans un ordre qui définit en général un multi-terme, comme dans l'exemple suivant :

- **Grammaire établie :**

- Nom adjectif,

- Nom préposition nom,

- Nom préposition article nom,

- Nom préposition verbe.

Ensuite, nous allons créer un automate à états finis à partir de cette grammaire, ou les nœuds seront les types grammaticaux et les arcs les transitions entre ces types. Si l'expression soumise en entrée à l'automate obéit à la grammaire ça conduit à un état « Succès », sinon on résulte à un « Echec ». en reprenant la grammaire de l'exemple précédent, l'automate correspondant sera de la forme suivante :

- **Automate correspondant :**

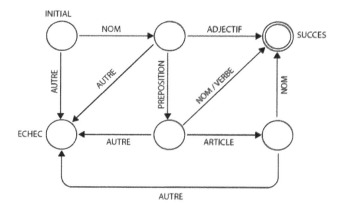

Figure III.12 : Automate à état finis de la grammaire

31

En appliquant ces règles sur le passage texte des exemples précédents, c'est à dire en soumettant la phrase « Les moteurs de recherche adoptent une indexation automatique » à l'automate, nous allons reconnaitre deux multi-termes qui répondent à la grammaire :

Moteur de recherche (Nom Préposition Nom)

Indexation automatique (Nom Adjectif)

Partant de ce principe, nous allons extraire tous les multi-termes qui respectent la grammaire et les soumettre au processus de validation expliqué plus haut.

III.3.4 Le module expansion de la requête:

Ce module permet d'améliorer la représentation de la requête en impliquant d'autres termes, sémantiquement proches des termes de la requête, même s'ils ne figurent pas explicitement dans la représentation initiale des besoins de l'utilisateur. La tache de ce module consiste principalement en deux traitements.

Le premier est celui de *la construction de l'ontologie,* le principe est le suivant : Chacune des dimensions du corpus permet de définir des distances (des proximités) entre les éléments de l'autre dimension. Ainsi nous pouvons calculer la similarité entre les lignes représentant les documents (voir section III.3.2), comme nous pouvons déterminer le degré de similitude entre les colonnes, c'est-à-dire les termes. Ce qui l'objectif de ce module.

Le Calcul de la similarité entre termes (vecteurs colonnes) se mesure à l'aide de la formule Cosine qui calcule le cosinus de l'angle (α) entre leurs vecteurs respectifs. Tout comme les documents et la requête, la représentation vectorielle de deux termes T_1 et T_2 ainsi que l'angle α compris entre eux est illustrée graphiquement par la figure suivante :

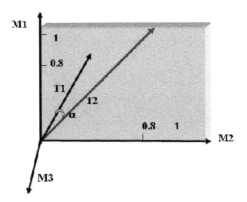

Figure III.13 : Représentation vectorielle de 2 termes

$Cos (T_i, T_j) = \Sigma_n (T_{ni} * T_{nj}) / \sqrt{\Sigma_n T_{ni}^2} * \sqrt{\Sigma_n T_{nj}^2}$

$Cos(T_i, T_j)$: cosinus ou degré de similarité entre les termes T_i et T_j

T_{nk} : poids du terme T_k dans le document n.

Plus le cosinus de l'angle entre les deux vecteurs est proche de 1, plus les vecteurs sont proches ce qui implique une plus grande ressemblance entre les deux termes.

Une fois les degrés de similarité entre termes calculés, nous obtenons une matrice carrée dont les lignes aussi bien que les colonnes représentent les termes du corpus, avec à l'intersection de chaque ligne i et colonne j l'indice de similarité entre le i-ème et le j-ème termes (voir l'exemple de la figure III.14). Après cela, nous procédons à une classification des termes en regroupant dans une même classe les mots dont le degré de similitude dépasse un certain seuil. Ce dernier est laissé au libre choix de l'administrateur, il peut le faire varier d'une utilisation à une autre en tenant compte de la cohérence des résultats obtenus :

T_i/T_j	Moteur De Recherche	adopter	Indexation automatique
Moteur De Recherche	1	0,22	0,67
adopter	0,22	1	0,43
Indexation automatique	0,67	0,43	1

Figure III.14 : Matrice de similarité entre termes

Ainsi, l'ontologie obtenue aura la forme d'un ensemble de tuples (T_i, T_j, S_{ij}) qui contient chacune deux termes sémantiquement proches $(T_i$ et $T_j)$ et leur degré de similarité S_{ij}.

Expansion de la requête
Le deuxième traitement consiste en *l'expansion de la requête :* Ayant un terme T_1 dans la requête avec un poids P_1 égal à 1 (tous les termes de la requête d'origine se verront attribué un poids égal à 1), et ayant l'entrée suivante dans le thésaurus (T_1, T_2, S_{12}) où T_1 et T_2 sont deux termes sémantiquement proches tandis que S_{12} représente leur degré de similitude. Alors T_2 est rajouté à la requête, et son poids P_2 sera calculé en multipliant P_1 par S_{12}. Ceci dans le but de donner le plus d'importance aux termes existants à l'origine dans la requête initiale, puis ceux qui leurs sont directement liés, et ainsi de suite, puisque le nombre de multiplication par un indice compris entre '0 'et '1' (ce qui est le cas des poids des différents termes existants) va diminuer sa valeur. Le principe est illustré dans l'exemple des deux figures suivantes :

Termes	Recherche	Vectoriel
Poids	1	1

Figure III.15 : Requête initiale

Considérons que la figure III.15 est la représentation vectorielle d'une requête donnée, contenant les termes « Recherche » et « Vectoriel ». Et supposons que l'ontologie contient les 2 tuples suivants (Recherche, Indexation, 0,58) et (Vectoriel, Cosinus, 0,42). Alors les termes « Indexation » et « Cosinus » seront rajoutés à la représentation de la requête et leurs poids auront respectivement les valeurs 0,58 et 0,42. Ainsi, le vecteur représentatif de la requête obtenue sera de la forme :

Termes	Recherche	Vectoriel	Indexation	Cosinus
Poids	1	1	0,58	0,42

Figure III.16 : Requête étendue

III.4. Conclusion

Dans ce chapitre, nous avons présenté notre système de calcul de similarité entre textes basé sur la représentation vectorielle des documents et utilisant la formule de distance euclidienne (calcul de cosinus). Nous avons commencé par décrire la décomposition modulaire de notre application, en indiquant la fonction accomplie par chaque module, tout en précisant l'enchainement procédural et l'interaction entre les différentes parties constituant le système global.

Ensuite, nous avons expliqué plus en détail le fonctionnement interne de chaque module. Nous avons d'abord décrit le prétraitement effectué par le module d'indexation afin de donner une structure vectorielle aussi bien aux documents qu'à la requête et les préparer à l'étape suivante de calcul. Ensuite, nous avons présenté la formule adoptée pour le calcul de similarité entre une requête et un document ou bien entre deux documents, en l'occurrence le calcul du cosinus, ainsi que son interprétation. Après cela, nous avons proposé deux extensions du modèle présenté à savoir la reconnaissance des multi-termes et l'enrichissement de la requête par des termes sémantiquement proches, ceci dans l'objectif d'améliorer les traitements statistiques.

L'implémentation des modules de notre système fera l'objectif du prochain chapitre.

Chapitre IV : Implémentation

Introduction

L'objectif final de ce travail est de développer une application qui se charge de réaliser une indexation de tous les documents du corpus ainsi que la requête, d'enrichir les requêtes des différents utilisateur et de restituer par la suite les documents pertinents répondants à ces requêtes, et par la suite trouver les documents qui sont proches aux documents rapportés pour chaque requête.

Après avoir présenté dans le chapitre précédent les principales étapes de conception de notre application, nous allons dans le présent chapitre décrire l'implémentation des différentes solutions proposées au sein de notre système de calcul de similarité et de recherche de documents. Pour cela, nous allons commencer par présenter l'environnement de développement choisi, aussi bien le langage de programmation que les outils auxquels nous avons eu recours pour implémenter certaines fonctionnalités. Ensuite, nous allons décrire les différents algorithmes utilisés pour implémenter les fonctions de chacun des modules de traitement présentés précédemment. Nous allons enfin clore ce chapitre par les principales interfaces graphiques de l'application qui permettent l'interaction avec les utilisateurs.

IV.1. Environnement de développement et outils utilisés

Le code source de notre application a été principalement écrit en langage Java. Le choix de ce langage de programmation a été motivé par plusieurs facteurs que nous allons énuméré après avoir brièvement présenté les notions de base du langage.

IV.1.1 Le langage de programmation Java

Java est un langage de programmation orienté objet mis au point en 1991 par la firme SUN Microsystems. L'objectif premier de ce langage était de définir un langage de programmation portable sur toutes les plates-formes existantes. Cette portabilité a été assurée par l'introduction du principe de la Machine Virtuel Java (JVM) qui doit être préalablement installée sur la machine hôte et qui se charge d'interpréter le code byte semi compilé suivant les caractéristiques physiques du périphérique avant d'exécuter les instructions. Cette étape supplémentaire d'interprétation avait au début engendré une certaine lenteur des programmes Java, mais les évolutions apportées à la JVM ont permis de corriger cette lacune et assuré une plus grande rapidité dans l'exécution des programmes.

Comme indiqué plus haut, Java est un langage orienté objet, il se base sur les notions de classe (modèle) et d'objet (instances de classe). Ceci permet une meilleure logique de conception d'applications flexibles qui reposent sur la réutilisabilité du code, aussi bien par le partage et l'importation de packages contenant des classes prédéfinies, compilées et prêtes à l'emploi, que par le principe d'héritage qui permet de récupérer les caractéristiques (attributs et méthodes) d'une classe mère par ses classes filles. De plus, Java possède une riche bibliothèque de classes comprenant la gestion des interfaces graphiques, des fichiers, des chaines de caractères, des exceptions...etc. Elles sont mises librement par Sun Microsystems à disposition des développeurs au sein du Java Developpement Kit (JDK) au même titre qu'une documentation décrivant les interfaces de toutes cette API téléchargeable sur le site officiel de la compagnie (http://docs.oracle.com/javase/6/docs/api/).

Le choix du langage de programmation Java nous a permis de profiter des avantages de la conception orientée objet afin de bénéficier d'une meilleure souplesse dans la conception des modules de notre application ainsi que tous les composants (graphiques et de traitement) qui la constituent. De plus, ça nous a permis une plus grande rapidité de développement grâce à l'utilisation de la riche bibliothèque du langage. Ainsi, l'API du langage nous a fourni des outils de traitement de fichiers, de chaines de caractères, de calculs mathématiques, aussi bien que de composants graphiques (fenêtres, boutons, boites de dialogue, listes...etc.) permettant de créer une interface utilisateur pratique, intuitive et conviviale. Cependant, Java nous a surtout permis, par son aspect multi-plateforme, de développer une application portable, qui peut s'exécuter sur n'importe quelle machine indépendamment de son architecture matérielle et de son système d'exploitation.

IV.1.2 L'outil winbrill

WinBrill est la version WINDOWS du catégoriseur de Brill, c'est un outil de marquage morphosyntaxique associé au lemmatiseur Flemm. Il s'agit de l'étiqueteur d'Eric BRILL entraîné pour le français à l'INaLF et porté sur PC-Windows 95 par Gilles Souvay. Aucune modification n'est intervenue sur les fichiers d'origine, mis à part ce portage sous Windows.

Winbrill est un « annotateur » d'un type un peu particulier, qui permet d'affecter à chaque « mot » d'un texte, une étiquette représentative de sa catégorie grammaticale, en « langue » ou en « discours ».

L'étiquetage se fait en deux étapes :

- Dans la première, chaque mot du texte reçoit une étiquette correspondant à sa PdeD (partie du discours) la plus probable dans le contexte considéré, soit par consultation du Lexique où le mot est connu, soit par application des « règles lexicales » si le mot est inconnu au Lexique.
- Dans la seconde, le système revient sur ces premières affectations, examine le contexte local, et corrige éventuellement les étiquettes précédemment affectées. A la fin de cette seconde étape, chaque mot aura reçu une étiquette correspondant à sa classe « en discours »,

c'est-à-dire en contexte (par exemple, un mot qui, historiquement, est un adverbe, pourra se retrouver, en contexte, étiqueté comme un nom ou un pronom).

VI.1.3 L'outil Flemm

Flemm est un programme développé à l'université de Nancy 2 par Fiammetta Namer, effectuant l'analyse flexionnelle du français, pour des corpus étiquetés par BRILL. Essentiellement basé sur des règles, il utilise un lexique de 3000 mots environ pour les exceptions, calcule le lemme de chaque mot fléchi en fonction de son étiquette, et fournit ses principaux traits morphologiques. Il est à noter que Flemm a été développé sous le langage de programmation Perl, il s'exécute via une commande de la console DOS et nécessite l'installation du compilateur Perl pour pouvoir le faire fonctionner.

Nous avons combiné l'utilisation de ces deux outils ; Winbrill pour tokéniser et étiqueter les passages textuels et Flemm pour lemmatiser les termes obtenus. Nous avons ensuite récupérés les résultats des traitements de ces deux outils afin de le personnaliser à notre contexte d'utilisation en accord avec les objectifs que nous nous sommes fixés au départ.

IV.2. Implémentation des différents modules

Cette section présente des algorithmes associés aux principales fonctionnalités des différents modules de traitementde notre système. Ces algorithmes sont implémentés sous forme de classes et méthodes en langage Java.

IV.2.1 Module d'indexation

✓ *Algotithme indexer-requête ()*

```
                        Indexer-requête (q)

Début

        charger (q) ;

        Tokenisation () ;

        Elimination des mots vide () ;

        Pour chaque mot m de la requête faire

         Lemmatiser (m) ;

Fin
```

✓ *Algotithme indexer-document ()*

Indexer-document (d)

Début

Pour chaque document d faire

Début

charger-document (d) ;

Tokenisation- document (d) ;

Construire-vecteur (d, v) ;

Etiquetage-vecteur (v) ;

Extraction-des-multi-termes-vecteur (v) ;

Elimination-des-mots-vides-vecteur (v) ;

Pour chaque terme t de vecteur v faire

Début

Lemmatiser- terme (t) ;

Pondération-terme (t, p) ;

Enregister(terme t, poids p, document d) ;

Fin

Fin

Fin

Fin

IV.2.2 Module calcul de similarité

✓ *Algotithme similarité_requete_document ()*

---

similarité-requête-document ()

Début

      Initialiser à zéro la liste R des documents répondant à la requête q

      Indexer-requête (q) ;

      Expansion_requête (q) ;

      Pour chaque document d du corpus C faire

      Début

        Indexer-document (d) ;

        Sim(d) := Calculer_Cosinus (q, d) ;

Si Sim(d) > 0

          Ajouter d à la liste R

      Fsi

      Fin

      Ordonner (R) ;

      Afficher (R) ;

Fin

IV.2.3 Module reconnaissance des multi-termes

✓ *Algorithme reconnaissance_multi_terme ()*

```
                    Reconnaissance_multi_terme ()

Début

        Pour chaque document d du corpus faire

        Début

          Charger_document(d) ;

          Extraire_multi_terme(mt) ;

          Valider_multi_terme(mt) ;

        Fin
```

IV.2.4 Module expansion de la requête

✓ *Algorithme construction_ontologie ()*

```
                    Construction_ontologie ()

Début

        Initialiser à S la valeur Seuil

        Charger_corpus (C) ;

        Construire_matrice(M) ;

        Pour chaque terme Ti de la matrice M faire

        Début

          Pour chaque terme Tj de la matrice faire

          Début

            Calculer Sim (Ti,Tj) ;

            Si Sim(Ti,Tj) est supérieur à S alors

              Ajouter le tuples (Ti,Tj,Sim) à la l'ontologie O ;

            Fsi

          Fin
```

✓ *Algorithme expansion_requete ()*

```
                    Expansion_requête (q)
Début

        Initialiser à S la valeur Seuil

        Reconnaissance_multi_terme (q) ;

        Pour chaque mot T de la requête q faire

        Début

            Poids(T) := 1 ;

            Trouver dans l'ontologie O l'ensemble (T, Tj, Sim) de tuples

            qui contiennent T ;

            Si Sim est supérieur à S alors

                Poids (Tj) := Sim ;

                Ajouter le terme Tj à la requête q.

            Fsi

Fin
```

Après avoir décrit les différentes fonctionnalités assurées par notre système de calcul de similarité et leurs algorithmes associés, nous allons, dans ce qui suit, présenter les interfaces de notre application, à travers les différents composants graphiques destinés à lancer, visualiser et contrôler les traitements effectués ainsi que les résultats retournés par chaque fonction.

IV.3 Les interfaces graphiques

Chacun des quatre principaux modules constituant l'application (Indexation, Reconnaissance de multi-termes, Construction de l'ontologie et Calcul de similarité), ainsi que le module de Recherche de documents, a été implémenté dans une fenêtre à part. La fenêtre principale du système est celle d'indexation, elle contient un menu qui permet d'afficher les autres fenêtres et donc de lancer les différents traitements.

IV.3.1 Interface d'indexation

L'interface d'indexation se présente sous la forme illustrée par la figure IV.1 :

41

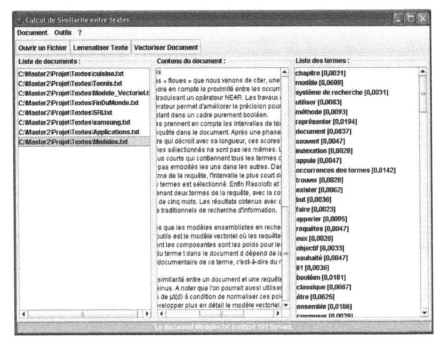

Figure IV.1 : Interface d'indexation

L'interface d'indexation se présente sous la forme d'une fenêtre qui contient les éléments suivants :

La barre des menus : contenant le menu "Document" qui sert à *ouvrir* un nouveau fichier texte à indexer et la commande pour *quitter* l'application. Ainsi que le menu "Outils" qui sert à lancer les autres modules de traitement en affichant leurs fenêtres respectives.

La barre des outils : qui contient les différents boutons utilisés pour lancer les étapes de l'indexation, à savoir le bouton "Ouvrir un fichier", le bouton "Lemmatiser texte" pour lancer le processus de prétraitement (tokénisation, étiquetage et lemmatisation) et le bouton "Vectoriser document" qui sert à lancer l'opération du choix des descripteurs et leur pondération afin de constituer le vecteur document.

La liste de documents : qui affiche l'ensemble des documents traités (à gacuhe).

Contenu du document : qui affiche pour chaque document sélectionné son contenu sous forme de texte intégral (au milieu).

La liste de termes : qui affiche pour chaque document sélectionné son vecteur contenant les termes les plus représentatifs et leurs poids respectifs (à droite).

La barre d'état : qui informe sur l'état de progression du traitement en cours (en bas).

42

IV.3.2 Interface d'extraction des multi-termes

L'interface d'extraction de multi-termes sert à construire la base des multi-termes, elle se présente sous la forme illustrée par la figure IV.2 :

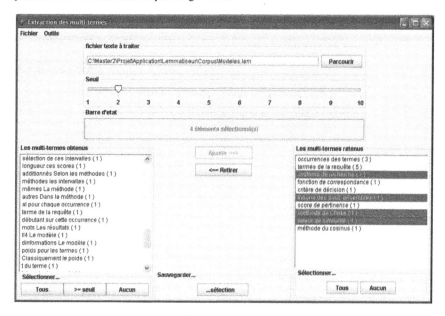

Figure IV.2 : Interface d'extraction des multi-termes

La reconnaissance des multi-termes s'opèrent sur des textes préalablement étiquetés et lemmatisés par Winbrill et Flemm. Le bouton "Parcourir" permet donc de sélectionner le fichier contenant les lemmes du texte à traiter. Une fois l'extraction terminée, **les mulit-termes obtenus** sont affichés dans la liste à gauche de l'écran en attendant leur validation. La barre graduée "Seuil" permet de fixer le seuil de validation des multi-termes de façon automatique. Les multi-termes dont la fréquence d'occurrence (entre parenthèses) atteint ou dépasse ce seuil sont rajoutés à la liste des **multi-termes retenus** ("Occurrence des termes" et "termes de la requête" dans notre exemple). L'administrateur peut rajouter des multi-termes qu'il juge valide même si leur fréquence d'apparition est inférieur au seuil ("théorie des sous-ensembles" ou "méthode de Clarke" ainsi que les autres locutions dont la fréquence égale à 1), en utilisant le bouton **Ajouter**. Il peut également, le cas échéant, retirer un multi-terme retenu par le traitement statistique mais qu'il juge non pertinent, en le sélectionnant dans la liste à droite et en cliquant sur le bouton **Retirer**.

43

Une fois la liste des multi-termes retenus validée, l'administration procède à l'insertion des nouveaux multi-termes ainsi extraits dans la base dédiée à cet effet en utilisant le bouton **Sauvegarder**. Si le multi-terme existe déjà dans la base, une notification sera affichée.

IV.3.3 Interface de calcul de similarité entre documents

Cette interface se présente sous la forme de la fenêtre illustrée par la figure suivante :

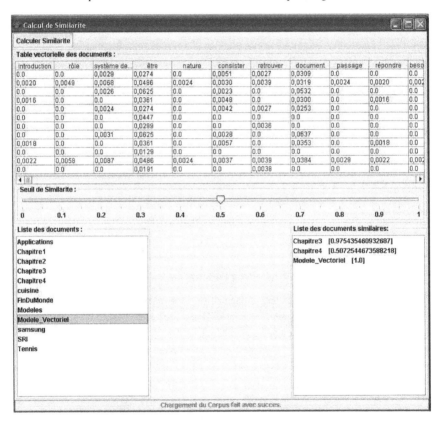

Figure IV.3 : Interface de calcul de similarité entre documents

A l'ouverture de cette fenêtre, le corpus des documents est récupéré et sa forme matricielle est affichée (**Table vectorielle des documents**) sous la forme d'un tableau ou les lignes représentent les documents et les colonnes correspondent aux termes, et les cellules contiennes les poids des termes dans les documents. Le bouton **Calculer Similarité** (en haut à gauche) permet de lancer l'opération de calcul des degrés de similarité (cosinus) entre les documents constituants le corpus. Une fois le calcul effectué, tous les documents seront

44

affichés dans la **liste de documents** qui se trouve à gauche de l'écran. La barre graduée **Seuil de similarité** sert à fixer le seuil à partir duquel 2 documents sont jugés similaires. La sélection d'un document (par un clic) permet d'afficher tous les documents qui lui sont similaires (càd dont le degré de ressemblance atteint ou dépasse le seuil fixé) dans la **liste des documents similaires,** ainsi que l'indice de similarité avec le document sélectionné.

IV.3.4 Interface de calcul de similarité entre termes

Le calcul de similarité entre termes a pour objectif la construction de l'ontologie. Il se fait via l'interface de la figure IV.4.

La fenêtre de calcul de similarité entre termes ressemble à celle de calcul de similarité entre documents. Elle contient en haut une représentation inversée de la matrice corpus, sous forme d'un tableau ou les lignes sont cette fois les termes, et les colonnes les documents. Le bouton **Calculer Similarité** permet de lancer l'opération de calcul des cosinus. Une fois le traitement fini, l'ensemble des termes du corpus est affiché dans la **liste des termes** à gauche. En cliquant sur un terme, tous les termes dont le degré de ressemblance avec le terme sélectionné dépasse le seuil fixé sont affichés dans la **liste des termes similaires** à droite. Ce **seuil de similarité** est fixé en utilisant la barre graduée au milieu de la fenêtre. L'insertion des couples de termes semblables ainsi que de leur indice de similarité dans l'ontologie se fait via le bouton **Sauvegarder** qui se trouve en haut sur la barre d'outils.

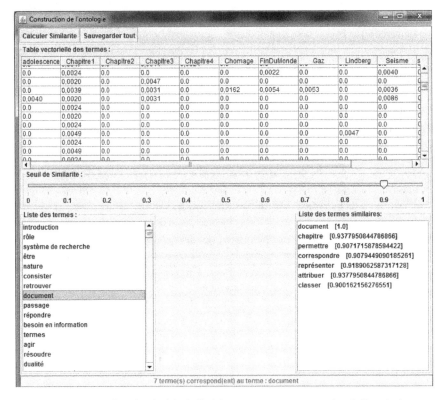

Figure IV.4 : Interface de calcul de similarité entre termes et construction de l'ontologie

IV.3.5 Interface de recherche

La fenêtre de recherche englobe le formulaire de recherche de documents pertinents, ainsi que l'expansion de la requête comme le montre la figure IV.5 :

46

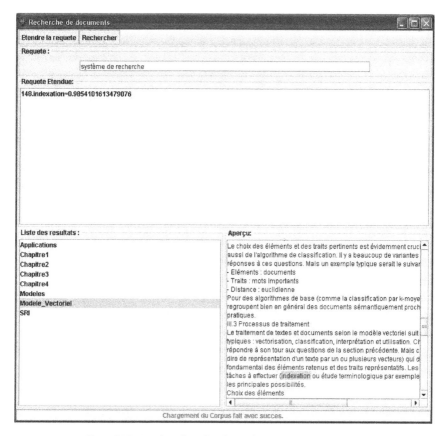

Figure IV.5 : Interface de recherche et d'expansion de la requête

Cette interface contient une zone d'édition pour la saisie de la **Requête** qui exprime les besoins de l'utilisateur. Le bouton **Etendre la requête** permet de chercher les termes du corpus qui sont proches des termes de la requête et de les afficher dans la zone **Requête étendue**. La recherche à proprement dit est lancée via le bouton **Rechercher**, tous les documents qui correspondent aux termes de la requête étendue seront affichés dans la **liste des résultats**. En sélectionnant sur un document (résultat) affiché dans cette liste, son contenu sera affiché dans l'espace à droite de l'écran, ce qui permettra à l'utilisateur d'avoir un **aperçu** sur les résultats retournés et de juger ainsi de leur pertinence par rapport à la requête exprimée initialement, et éventuellement la reformuler pour avoir de meilleurs résultats.

IV.4. Conclusion

Ce chapitre a été consacré à l'implémentation de notre application. Nous avons commencé par décrire l'environnement de développement en justifiant le choix de Java comme langage de programmation, et des outils Winbrill et Flemm pour les opérations d'étiquetage et de lemmatisation des textes que nous avons eu à traiter. Ensuite, nous avons présenté les algorithmes qui implémentent les principales fonctionnalités effectuées par notre système de calcul de similarité. Avant de passer aux interfaces graphiques de notre application, en présentant les différentes fenêtres construites, les composants graphiques qu'elles contiennent et à quelle issue est dédié chaque composant. Nous terminerons, dans la section suivante, par une conclusion qui synthétise le travail accompli et ce qui reste à faire dans le futur.

Conclusion Générale

La détection et le classement des documents pertinents par rapport au besoin d'information d'un utilisateur est une motivation principale dans le domaine de la recherche documentaire. Une organisation adéquate des documents permettrait d'augmenter l'efficacité et les performances d'un système de recherche où, plus généralement, de tout autre traitement documentaire.

Dans le cadre de ce projet, nous avons conçu et réalisé un système de calcul de similarité entre textes, dont l'objectif est de comparer des documents entre eux afin de déterminer ceux dont le contenu se rapproche d'une part. Et aussi d'apparier ces mêmes documents avec une requête dans le but de trouver les résultats les plus pertinents et qui répondent le mieux à ce besoin d'information d'autre part.

Pour cela, nous avons utilisé une structuration vectorielle des documents, ainsi que de la requête, du fait des avantages offerts par cette forme de modélisation quant à l'uniformité des représentations, qui engendre une très grande simplicité des traitements à effectuer, tout en assurant une grande efficacité des performances et une bonne qualité des résultats obtenus.

Cependant, les traitements statistiques seuls ont montré leur limite, ce qui nous a contraints à proposer des améliorations sémantiques afin d'obtenir des résultats plus satisfaisants. De ce point de vue, nous estimons avoir atteint notre objectif en présentant un système complet et fiable, qui s'occupe de toute la chaine de traitement, à partir de texte intégral écrit en langage naturel, jusqu'à obtenir une représentation plus structurée et mieux exploitable dans différents domaines d'application à commencer par les systèmes de recherche d'information.

Ceci dit, tout ce qui a été accompli ne doit pas occulter que le temps alloué à la réalisation de ce projet ne nous a pas permis d'aborder tous les aspects de la problématique, et beaucoup reste à faire. Ainsi, l'extraction du contenu textuel à partir de documents aux formats hétérogènes (Doc, Pdf, Html…etc.), la considération d'autres formes de relation entre termes (association, hiérarchique…etc.) que le simple degré de ressemblance par l'utilisation d'ontologies spécialisées dans le domaine, ou la considération de l'emplacement des termes dans le texte et la distance entre eux sont autant de points susceptibles de faire l'objet de futures recherches et qui, à n'en pas douter ne manqueront pas d'augmenter la fiabilité et l'efficacité des traitements effectués notamment du point de vue sémantique.

Références bibliographiques

[Beigbeder , 2004] : M Beigbeder ,"Application de la logique floue à un modèle de recherche d'information basé sur la proximité". Dans les proceedings de LFA. 2004.

[flav_bello, 2007] : Nicolas Flavier, and Patrice Bellot,"Vers un appariement automatique de questions extraites de courriers électroniques". Conférence Francophone sur l'Apprentissage Automatique CAP 2007, Grenoble, France. 2007.

[Memmi ,2000] : Daniel Memmi, "Le modèle vectoriel pour le traitement de documents". UQAM. 2000.

[Herzellah, 2012] : Mr Herzellah Abdelkarim,"Recherche d'information". Cours de (M1 – UMBB).

[Salton,1983] : Gerard Salton, "Introduction to modern information retrieval ",M.J. McGill, 1983

[Nouali_krinah,2008] : Omar Nouali, Abdelghani Krinah.,"Vectorial Information Structuring for Documents Filtering and Diffusion". Int. Arab J. Inf. Technol., 5(1):1-6, 2008.

[Chevallet_Bruandet_ Nie, 1997] : Jean-Pierre Chevallet, Marie France Bruandet et Jian Yun Nie, « Impact de l'utilisation des multi termes sur la qualité des réponses d'un système de recherche d'information à indexation automatique », 1997.

[Bruandet_ Chevallet, 1997] : M.-F. Bruandet and J.-P. Chevallet, « Construction de thésaurus dans le système de recherche d'information IOTA », 1997.

[Bruandet,1989] : M.-F. Bruandet « Construction automatique d'une base de connaissances du domaine dans un système de recherche d'informations », Université Joseph Fourier de Grenoble, 1989.

[Namer, 1998] : Fiammetta Namer « FLEMM, Analyseur Flexionnel du français pour des corpus étiquetés », Université Nancy 2, 1998.

[Lecomte, 1998] : Josette Lecomte, « Le catégoriseur Brill14-JL5 / WinBrill-0.3 », INaLF/CNRS, Décembre, 1989.

[Johnson_ Kangarloo, 1996] :David B. Johnson, Wesley W. Chu, John D. Dionisio, Ricky K. Taira, Hooshang Kangarloo, « Creating and Indexing Teaching Files from Free-text Patient Reports», 1996.